Colonel de Gendarmerie ALBERT MICHEL

Le Portrait P...

...IDE DE POCH...

...ablissement, en tous lieux, signalement descriptif

Exercices techniques préparatoires
Indication de procédés sommaires pour l'établissement rapide
d'un renseignement descriptif
Préparation et acheminement aux textes réglementaires,
bases du travail

DEUXIÈME ÉDITION

CHARLES-LAVAUZELLE & Cie
Éditeurs militaires
PARIS, Boulevard Saint-Germain, 124
LIMOGES et NANCY, Rue Stanislas, 53
1928

Colonel de Gendarmerie ALBERT MICHEL

Le Portrait Parlé

GUIDE DE POCHE

pour l'établissement, en tous lieux, du signalement descriptif

Exercices techniques préparatoires
Indication de procédés sommaires pour l'établissement rapide
d'un renseignement descriptif
Préparation et acheminement aux textes réglementaires,
bases du travail

DEUXIÈME ÉDITION

CHARLES-LAVAUZELLE & Cie
Éditeurs militaires
PARIS, Boulevard Saint-Germain, 124
LIMOGES et NANCY, Rue Stanislas, 53

1923

TABLE DES MATIÈRES

	Pages.
Lettre-Préface.	5
Avertissement de l'auteur	9
Indications générales.	11
Établissement pratique du signalement	15

I. — Renseignements d'ordre général 15
    1° Taille.
    2° Age.

II. — Renseignements d'ordre détaillé 16
    a) *Dimensions.* 16
        1° Front.
        2° Nez.
        3° Bouche et menton.
        4° Oreille.
    b) *Couleurs.* 21
        1° Yeux.
        2° Cheveux.

III. — Renseignements d'ordre particulier ... 23
    1° Visage : forme générale, teint.
    2° Marques particulières provenant de naissance.
    3° Particularités survenues au cours de la vie.
    3° Empreintes digitales.

Annexes. 26
    1° Lecture des signes conventionnels et des abréviations.
    2° Procédés descriptifs allemands (sommaires).

LETTRE-PRÉFACE
du Président CARRÉ DE MALBERG

———

Mon cher Colonel et Ami,

Vous me comblez, en vérité, en me donnant à présenter votre petit livre, et il faut que je me souvienne, pour expliquer ce grand honneur, à la fois d'une amitié promptement cimentée dans les mêmes labeurs et les mêmes heures solennelles et d'une commune origine qui nous a fait grandir naguère dans les mêmes espoirs, aujourd'hui réalisés!

Ecrire la préface d'une de vos nombreuses œuvres, à Strasbourg! dans le cadre, sous le charme, dans l'ambiance de notre cité natale! Quelle joie vous me causez et comme il me plaît de vous en donner l'assurance, quand je sais tout ce que vous avez accompli, tout ce que vous accomplissez encore pour faire de nos gendarmes d'Alsace une élite, une arme de choix!...

Mais que vous me mettez loin de ma jeunesse judiciaire, avec le *Portrait parlé*, qui, désormais, servira de guide dans la rédaction des signalements de procès-verbaux! Jadis, et j'ai connu ce temps, il y avait à peu près 36 millions de Français, et beaucoup d'étrangers avec eux, qui avaient un front « haut », une bouche « moyenne », un menton « rond » et un nez « ordinaire ». Le portrait parlé n'était pas encore venu au monde. Je me souviens aussi d'un vagabond que l'on m'amena un jour au parquet et qui, d'après le signalement, portait « liste en tête ». Il me fallut me rappeler que j'étais un peu officier d'artillerie pour comprendre ce que cela voulait dire; et, en effet, le vagabond présentait une magnifique mèche blanche parmi sa chevelure noire. Ce n'était pas trop mal signalé, vous en conviendrez, mais il fallait trouver mieux, comme expression d'une vérité!

Vous avez réalisé ce problème délicat et condensé en des formules singulièrement précises et claires, avec toute un gamme de nuances appropriées, la description du visage et de l'être humains. Vos gendarmes ne sont pas en état de faire du « bertillonnage » complet sur les chemins où ils veillent à l'ordre public, mais je sais à quels hommes vous commandez et de quels efforts prodigieux ces vaillants sont capables. Je sais donc à l'avance quel parti précieux ils tireront de votre ouvrage et comme, au besoin, ils sauront en étendre les méthodes.

Nul mieux que vous ne pouvait se livrer à ce travail, nul n'aurait pu comme vous, avec la connaissance que vous avez de vos services, exécuter cet effort de patience et de clarté, de précision et de détail! Nombreux seront les magistrats, mes collègues, qui se réjouiront de cet apport nouveau destiné à faciliter leurs recherches dans l'œuvre de justice!

Je voudrais, en terminant, montrer que j'ai bien compris votre œuvre et, vous prenant comme modèle d'un « portrait parlé », réaliser le souvenir profond que je vous garde. Je crois que j'y arriverais très facilement!... Mais j'aime mieux, au bout du compte, résumer toute l'esquisse dans un seul mot! Je mettrai donc simplement, pour établir votre signalement : « Très beau soldat! »... et tous vos amis, tous ceux qui ont l'honneur de vous connaître ou de servir sous vos ordres, vous reconnaîtront, j'en suis sûr!

Très cordialement, vôtre,

CARRÉ DE MALBERG.
Président
du tribunal civil de Strasbourg.

AVERTISSEMENT DE L'AUTEUR
(Mars 1920).

Le présent petit manuel fut primitivement rédigé à l'intention du personnel de la gendarmerie d'Alsace et de Lorraine — centre d'instruction et légion. Il ne dit pas tout; cantonné dans l'essentiel, il s'est appliqué à dire simplement ce qu'il fallait, au moins pour commencer.

Sans être des rudiments, les éléments réunis sont encore une simplification des cours professés aux centres d'instruction de gendarmerie d'Alsace et de Lorraine et basés sur les règles officielles en vigueur.

C'est, à proprement parler, d'une charpente qu'il s'agit ici; mais, dans beaucoup de cas, on peut compter que cette sorte d'ossature générale dessinera déjà très suffisamment la physionomie du bâtiment tout entier, c'est-à-dire de l'individu à décrire.

Au point de vue matériel, il a été choisi un format commode; la réunion des éléments les plus essentiels du portrait parlé forme un memento de poche susceptible de s'emporter facilement, pour être consulté en tous lieux et à tout instant, en attendant d'être gravé assez dans la mémoire pour que cette précaution devienne inutile...

Tel que, nous croyons que notre guide sera susceptible de rendre des services; toutefois, il ne faut pas le considérer comme une fin, mais comme un commencement. Il n'est qu'un moyen, non un but, et les travailleurs intelligents le comprendront vite en dépassant le cadre de l'ouvrage, pour arriver à des descriptions de l'homme de plus en plus précisées et détaillées.

A ce moment, on saura utiliser plus complètement le manuel réglementaire sur le portrait parlé (circulaire ministérielle du 30 juillet 1904, Mémorial, vol. XXIV, p. 376) et manier avec plus de facilité les circulaires du 10 août 1910 et celle, complémentaire, du 10 mai 1912 (B. O. du ministère de la guerre, vol. 594) relatives aux modèles de signalement. Le petit guide-memento, en principe destiné à l'élève gendarme, s'est strictement inspiré des textes réglementaires et n'est qu'un acheminement à ceux-ci. On peut espérer que, tel que, il permettra, pour commencer, de fournir un rendement convenable, en amenant pratiquement à des approximations suffisantes et en rappelant quelques conseils utiles; le reste relèvera de l'esprit de conscience, de l'amour du métier, que l'on est en droit d'escompter chez chacun.

Albert MICHEL,
Colonel de gendarmerie.

Le Portrait Parlé

Indication de procédés sommaires pour l'établissement rapide, en tous lieux, d'un signalement descriptif.

Etude basée sur les textes officiels et le Manuel pratique de police, *en usage aux centres d'instruction de gendarmerie d'Alsace et de Lorraine, à Strasbourg.*

INDICATIONS GÉNÉRALES

1. — Même réduit à des proportions sommaires, le signalement descriptif basé sur la technique du Bertillonnage sera un procédé infiniment plus sûr que les systèmes surannés, consistant à qualifier de *moyen*, d'*ordinaire*, etc..., les différentes parties du visage.

Véritablement trop vagues, on pourrait, à bon droit, qualifier de *signalement passe-partout* ces descriptions aussi floues, voire empiriques. Ceci dit pour qu'à aucun moment les vieux procédés ne soient employés.

2. — Une préparation utile consistera en de fréquents exercices pratiques. On s'appliquera sur des camarades, en rédigeant leur signalement

suivant les principes exposés; d'ailleurs, toute autre occasion est bonne également. C'est ainsi qu'on a opéré aux centres d'instruction de gendarmerie d'Alsace et de Lorraine où les élèves ont constamment travaillé deux par deux, en s'étudiant réciproquement, avec appel à l'entourage pour toutes critiques ou corrections utiles.

3. — Le signalement des personnes doit, au besoin, pouvoir être pris partout, même en pleins champs, sans dispositifs ou instruments d'aucune sorte, et, avec pour seuls procédés et repères, un bon jugement, assis sur quelque expérience acquise. Pour toutes premières évaluations, ces moyens de fortune et ces tours de main pourront généralement suffire.

4. — Un portrait quelconque peut être dessiné avec une approximation suffisante, même en négligeant la gamme des nuances des variétés, ainsi que l'échelle des dimensions, toutes secondaires.

L'individu se trouvera déjà assez bien *silhouetté* en s'en tenant aux points essentiels des données qu'il présente. Par exemple, un nez dont on décrit suffisamment les trois éléments principaux : *racine, dos, base*, sera assez nettement déterminé pour qu'avec un minimum de chances d'erreurs, on puisse le reconnaître au milieu de beaucoup d'autres.

5. — Toutes les fois qu'on en aura le temps et les moyens, il sera toujours loisible d'entrer dans plus de détails et de recourir aux procédés plus complets, tels qu'ils sont, par exemple, exposés dans le *Manuel pratique de police* et enseignés

aux centres d'instruction de gendarmerie d'Alsace et de Lorraine, pour arriver, finalement, à manier sans hésitation l'ouvrage réglementaire, beaucoup plus développé sur le *Portrait parlé*, lequel figure obligatoirement dans les archives régulières des brigades.

6. — Les procédés rapides indiqués plus loin permettent de sérier les difficultés; on part avant tout du simple pour aboutir au composé, quand faire se pourra.

Le simple suffira généralement dans les cas urgents, les situations prises à l'improviste, surtout du moment qu'il est impossible de procéder autrement...

7. — En tout cas, tout ce qui est dit plus haut n'est qu'un acheminement à des connaissances professionnelles plus étendues, détaillées dans des ouvrages plus complets (*Manuel* visé par la circulaire ministérielle du 30 juillet 1904, et *B. O.* du ministère de la guerre). Le cadre tracé par ceux-ci a été rigoureusement observé.

Établissement pratique du signalement.

D'une façon générale, trois choses sont à considérer. Elles forment trois éléments distincts, correspondant à trois rubriques principales, point de départ de sous-classifications d'ordre divers, savoir :

I. — *Renseignements d'ordre général.*

II. — *Renseignements d'ordre détaillé.*

III. — *Renseignements d'ordre particulier.*

I. — RENSEIGNEMENTS D'ORDRE GÉNÉRAL.

Ils sont limités, ici, à la taille et à l'âge.

1° Taille.

La mesurer avec un mètre. A défaut de tout instrument de mesure, se servir pour repère de comparaison de sa propre taille ou d'un objet dont la longueur est notoirement connue (carabine, fusil, etc...). Dans ces cas, apprécier à vue la différence et indiquer qu'il s'agit d'une évaluation. (Exemple : taille estimée, 1ᵐ,65).

2° Age.

A défaut de renseignements probants, estimer à vue ou à déclaration de l'intéressé. (Ce procédé est évidemment peu sûr.) Indiquer, le cas échéant, la manière employée. (Exemples : âge, se dit âgé de 60 ans; a l'apparence d'un homme de 60 ans, etc...)

II. — RENSEIGNEMENTS D'ORDRE DÉTAILLÉ

Ces renseignements sont limités à la tête; on distingue entre DIMENSIONS et COULEURS.

Ils pourront devenir le point de départ de données plus détaillées, où ce sera nécessaire et possible.

A) Dimensions.

Le visage est considéré de *face* et de *profil*.

Il se décompose en trois parties à peu près égales :

1° *Front;*

2° *Nez;*

3° *Bouche et menton.*

On y ajoutera :

4° *Oreilles.*

1° FRONT. — Trois repères.

		Se disent :
b) Largeur......	Vues de face.	Grande.
a) Hauteur......		Moyenne. Petite.

c) Inclinaison.

Vue de *profil*.

Front dit :

Proéminent ou vertical (droit ou incliné en avant).

Intermédiaire (le cas normal, c'est-à-dire légère inclinaison en arrière).

Oblique (incliné plus ou moins en arrière).

2° NEZ. — Trois repères.

Vu de *profil* :

a) *Racine* (en face de l'œil) : petite; moyenne; grande.

b) *Dos* (profil du nez) : concave (courbé en dedans); rectiligne; convexe (courbé en dehors); sinueux (mélange des lignes ci-dessus).

c) *Base* (direction générale de la narine) : relevée; horizontale; abaissée.

Vu de *face*, l'ensemble du nez est dit de largeur : petite, moyenne, grande.

Elle s'apprécie à raison de la largeur de l'espace compris entre le milieu de l'oreille et les ailes des narines.

3° BOUCHE ET MENTON.

a) Bouche, vue de *face* :

Grande ou petite.
Lippue (lèvres épaisses).
Pincée (lèvres minces).
Bée (lèvres habituellement entr'ouvertes).

b) Menton :

Vu de *profil*..

- Saillant (en avant de la bouche).
- Fuyant (en arrière de la bouche).
- Haut (constitue avec la bouche plus du tiers du visage).
- Bas (constitue avec la bouche moins du tiers du visage).

Vu de *face*....

- Carré.
- Pointu.
- A fossettes.
- Double.

4° OREILLE (en général, l'oreille droite) :

Vue, la tête étant de profil, l'oreille se subdivise — *en gros* — en contours *extérieurs* (bordure et lobe) et contours *intérieurs* (antitragus).

a) Contours *extérieurs* :

Bordure ou ourlet. { petite. / grande.

Lobe (bout de l'oreille).
- descendant.... { continue la bordure et se fond avec la joue, sans faire d'angle.
- en équerre.... { le bas est coudé, formant angle droit avec la joue.
- intermédiaire.. { normalement arrondi à la base, formant angle aigu avec la joue.
- en golfe...... { le bas est arrondi très en longueur, en forme de golfe.

b) Contours *intérieurs* limités, ici, à la partie inférieure du cornet, dite :

Antitragus : considéré comme inclinaison ou profil, savoir :

Inclinaison... { horizontale. / intermédiaire (entre l'horizontale et l'oblique). / oblique.

Profil (*ad libitum*). { cave (en creux). / rectiligne (en ligne droite). / intermédiaire (à demi saillant). / saillant (franchement saillant).

NOTA POUR L'ENSEMBLE DU CHAPITRE II
(*Dimensions.*)

Avec un peu d'habitude et d'expérience, il sera loisible d'intercaler des détails et des nuances par l'adjonction, aux bons endroits, de tous adverbes ou qualificatifs nécessaires, tels que : très, légèrement, franchement, etc., — fendu, froissé, coudé (se disent des parties de l'oreille).

Ne jamais se servir du qualificatif « moyen », quand il s'agit d'un ensemble, la moyenne allant de soi.

Bouche moyenne, nez moyen ne signifient absolument rien, puisque ce doit être la normale, dont il n'y a qu'à ne pas parler, pour éviter un travail inutile et des écritures encombrantes.

L'expression *moyen* pourra s'appliquer, par contre, quand il s'agira de dimensions prises en détail : racine du nez, hauteur du front, etc... Exemple : un front dont on dit la *hauteur* moyenne et la *largeur* petite, est déterminé par deux données particulières qui permettront de le différencier d'avec d'autres fronts ne réunissant pas à la fois ces deux mêmes particularités.

Autre chose serait de dire simplement « *front moyen* ».

Un nez dont on dit la *racine* moyenne, le *dos* cave, la *base* relevée, est déjà très suffisamment dessiné. D'une façon générale, les trois données ne se rencontrent pas simultanément chez plusieurs individus.

B) Couleurs.

Les couleurs concernant les yeux et les cheveux.

1° YEUX.

En principe, c'est l'œil gauche qui est examiné. En s'en tenant à l'iris, qui entoure la pupille, on considérera trois teintes fondamentales, savoir :

$$\left.\begin{array}{l}\text{Jaune}\dots\dots\dots\dots\\\text{Bleu}\dots\dots\dots\dots\\\text{Marron}\dots\dots\dots\end{array}\right\}\text{clair ou foncé.}$$

La notation « *intermédiaire* » indique une teinte indécise, entre le bleu azur et l'ardoise.

Avec de l'habitude, on peut arriver à une gamme de teintes d'une notation un peu plus précise, telles que ; azuré, ardoisé, orangé, etc...

2° CHEVEUX.

Ils comprennent la chevelure, la barbe et la moustache, les sourcils; des différences peuvent exister entre les uns et les autres.

Pour la barbe, c'est surtout la nuance de la moustache qui est examinée. La nuance des sourcils n'est notée que si elle est différente de celle des cheveux.

On considère quatre teintes fondamentales, sa
voir :

Blond : toutes les gammes du
jaune. . . . .

Châtain : toutes les gammes du
brun. . . . .

Noir : couleur aile de corbeau.

Roux : divers rouges. . . . .

Vont du clair
au foncé.
Moyen ne se
mentionne
pas.

Ne pas dire « *brun* » pour des cheveux châ-
tains ou noirs.

Les gammes des nuances sont sujettes à des
appréciations assez variables. Le blond foncé
confine au châtain clair; il y a du châtain roux
et du châtain noir; du roux blond et du roux châtain. Lorsqu'on énumère des cheveux de deux
couleurs mélangées, c'est la couleur placée en
tête de la description qui prédomine.

Tous ces détails de nuance peuvent, en somme,
être négligés pour commencer, quitte à y revenir
pour les déterminer plus tard.

En principe, les cheveux blancs comme les gri-
sonnants, sont des couleurs accidentelles venues
avec l'âge, et non des teintes d'origine.

Nota. — Albinos : Cheveux blancs et yeux rougeâtres.
(Anomalie congénitale).

III. — RENSEIGNEMENTS D'ORDRE PARTICULIER.

Les repères physionomiques dépeints dans les chapitres précédents **sont** d'ordre courant.

On y ajoutera, le cas échéant, des renseignements complémentaires plus ou moins nombreux; ils viendront, par des sortes de coups de crayon en plus, parachever la description des individus.

Il s'agit, cette fois, de compléter en quelques endroits une première peinture, au moyen d'indications plus ou moins exceptionnelles, asseyant plus solidement le portrait. La plupart de ces indications consistent en des détails qui sautent aux yeux.

On peut classer les renseignements d'ordre particulier en quatre rubriques générales, savoir :

1° Visage : forme générale, teint.

2° Marques particulières provenant de naissance.

3° Particularités survenues au cours de la vie.

4° Empreintes digitales.

1° Visage : Forme générale. — Teint.

a) Forme générale :

Le visage se dit :

Large, si la hauteur égale la largeur.

Rond, s'il forme un cercle.

Long, s'il est d'une hauteur anormale.

N. B. — Ne jamais dire *ovale* puisque c'est là la forme normale.

b) Teint :

Pâle, coloré, à taches de rousseur, bilieux, variolé.

2° Marques particulières provenant de naissance.

Il faut toujours les situer, en indiquant leur emplacement. On commencera par la tête.

a) *Taches :* grains de beauté, taches de vin, envies.

b) *Difformités :* gibbosités (bosses), cécité, œil vairon, membres atrophiés.

c) *Déviements et anomalies : bouche*, bec de lièvre; *nez* dévié, épaté, écrasé, à méplat; *front* bombé; *cils* absents; strabisme des yeux; *yeux* saillants ou caves.

d) *Dispositions spéciales des sourcils :* réunis, écartés, rapprochés, clairsemés, drus.

3° Particularités survenues au cours de la vie.

Il s'agit de détails, de tares ou d'infirmités tout accidentels.

a) *Tête :*

Calvitie : frontale, tonsurale (occiput), totale (les deux).

Dentition : brèche-dents, édenté, dents chevauchant, saillantes, découvertes, de travers.

Vue : aveugle, borgne, taies de l'œil.

Bouche : coins relevés, abaissés.

b) *Membres :*

Amputations : manchot, etc...
Infirmités : boiteries.
Démarche.

c) *Corps :*

Corpulence : forte ou faible.
Cou : long ou court; goître.
Dos : voûté, bossu, épaule déviée.

d) *Partout :*

Cicatrices : blessures, tatouages, etc... (Donner
leur emplacement.)

e) *Langue* (le « parler ») :

Bégaiement, nasonnement (parler du nez), ac-
cent étranger, dialectes.

f) *Costume :*

Sa description incidente, si elle n'offre aucune
garantie, n'en est pas moins utile dans beaucoup
de cas.

4º Empreintes digitales.

Leur connaissance et leur description forment
une science particulière pour laquelle il est ren-
voyé aux ouvrages spéciaux, notamment au *Manuel pratique de police*, puis aux instructions officielles en vigueur.

Il n'en est parlé, ici, que pour rappeler l'utilité
qu'il y a, dans certains cas, de s'assurer de ces
empreintes. en les fixant par des moyens de fortune.

ANNEXE I.

Signes conventionnels et abréviations.

Le gendarme peut être amené à déchiffrer des signalements anthropométriques complets ou des fiches signalétiques. Il est bon qu'il connaisse au moins les principales abréviations et les signes usités.

Les *traits* soulignant les abréviations signifient « très ».

$$\underline{g} = \text{très grand.}$$

Les *parenthèses* encadrant une abréviation signifient « légèrement ».

$$(g) = \text{légèrement grand.}$$

Les *guillemets* remplaçant une abréviation signifient qu'aucune notation spéciale ne doit être mentionnée telle que « moyen », « ordinaire ».

TABLEAU DES PRINCIPALES ABRÉVIATIONS,
CLASSÉES PAR ORDRE ALPHABÉTIQUE.

ab............	= abaissé.
à fst............	= à fossette.
ard............	= ardoise.
az............	= azur.
b............	= oblique.
bl............	= blond.
busq............	= busqué.
c............	= courbe.
cav............	= cave.
ch............	= châtain.
desc............	= descendant.
émi............	= éminent.
f (sans point)......	= fendu.
f. (avec point).....	= foncé.
fuyt............	= fuyant.
g............	= grand.
gf............	= golfe.
h............	= horizontal.
j............	= jaune.
mar............	= marron.
or............	= orangé.
p............	= petit.
prm............	= proéminent.
qr............	= équerre.
r............	= rectiligne.
rel............	= relevé.
s............	= sinueux.
sa............	= saillant.

TABLEAU DES PRINCIPALES ABRÉVIATIONS,
CLASSÉES PAR ORDRE ALPHABÉTIQUE (*suite*).

sep..............	= séparé.
trav..............	= traversé.
v..............	= verdâtre.
vex..............	= vexe.
vr..............	= vertical.
( )..............	= légèrement.
« »..............	= moyen, etc.
—..............	= très.

ANNEXE II.

Portrait Parlé Allemand (Extraits) (1).

Il n'est retenu ici que quelques données essentielles qu'il paraît intéressant de signaler, leur
utilisation étant possible, le cas échéant.

I. Tête.

a) VUE DE FACE, forme quatre figures principales :

1° *Ronde ou carrée :* est aussi haute que large.

2° *En rectangle ou en pyramide :* est plus haute
que large (plus étroite du haut dans le deuxième
cas).

3° *En toupie :* est en pointe vers le bas.

4° *En losange :* est en pointe vers le bas et le
haut.

b) VUE DE PROFIL est dite à :

1° *Partie inférieure :* en saillie ou en retrait.

---

(1) A titre de simple renseignement pour, le cas échéant,
faciliter des recherches au moyen des bulletins de police
allemands (Alsace et Lorraine, etc.).
Les procédés et termes indiqués ci-après ne sont pas employés dans les documents officiels français.

2° *Figure en croissant :* front et menton en saillie.

3° *Partie postérieure* (occiput) : en pointe, plate, surplombante.

II. Profil : Lignes fondamentales.

Les lignes du profil sont caractérisées par les directions du front et du nez. Il y a quatre caractéristiques essentielles :

1° Dans le profil *droit*, les lignes du front et du nez forment une seule ligne droite, sans dépression.

2° Dans le profil *brisé*, les lignes du front et du nez forment une ligne droite, brisée par la dépression de la racine du nez.

3° Dans le profil *parallèle*, les lignes du front et du nez ne forment pas une ligne droite, continue ou brisée, mais vont dans un même sens.

4° Dans le profil *angulaire*, les lignes du front et du nez suivent des directions différentes.

PRINCIPAUX OUVRAGES SPÉCIAUX
du Colonel de Gendarmerie Albert MICHEL.

Manuel pratique pour l'Alsace et la Lorraine. — Organisation politique. — Administration. — Police. — Statut des fonctionnaires.

Manuel pratique de police. — De la recherche des délits. — Du maniement des bulletins de police criminelle, français et allemands. — De la pratique du signalement. — De quelques procédés d'interrogatoire.

Guide de poche, pour l'établissement, en tous lieux, du signalement descriptif. — Portrait parlé.

Manuel pratique d'enseignement primaire, à l'usage des candidats alsaciens et lorrains à diverses fonctions publiques : gendarmerie, police, douane, eaux et forêts, etc. — Livres du maître et de l'élève : langue française, notions d'histoire, éléments de géographie.

Manuel technique. — Spécial à la gendarmerie. Résumé schématique de toutes les matières professionnelles nécessaires.

Comment on apprend l'allemand! — Enseignement théorique, pratique, par des moyens mnémoniques, des formules, des procédés spéciaux.

    [Ouvrage honoré d'une souscription de la Ville de Paris.]

De l'étude des langues. — Origines des langues et des écritures. — Comment et pourquoi on apprend les langues! — Cartes et tableaux. — Préface de Michel Bréal, de l'Institut.

    [Ouvrage honoré d'une souscription du ministère de la guerre et du conseil municipal de la Ville de Paris.]

Cent pages d'allemand pratique. — Nouvelle méthode pour apprendre les langues vivantes, fusion des procédés d'enseignement anciens et modernes. — Préface de Michel Bréal, professeur de grammaire comparée au Collège de France.

[Ouvrage adopté pour l'Ecole militaire d'infanterie.]

Nouveau questionnaire pratique français-allemand. — Manuel à l'usage de l'armée.

Questionnaire vocabulaire français-allemand. — Manuel à l'usage de la gendarmerie.

Le budget de la guerre et les lois militaires allemandes devant de Reichstag de 1871 à 1900. Etude historique, technique et critique.

Appel au poilu ! — Brochure de propagande. — Conférences militaires organisées en faveur des Alsaciens.

L'Evacué alsacien. — Etude de propagande. — Conférences civiles organisées en faveur des Alsaciens évacués.

« Coups de crayon ». — Réflexions d'un Alsacien. Réunion de quelques articles de journaux. Textes en français et en allemand. — Sujets appropriés à une propagande à organiser par la lecture, la causerie, la conférence, etc., etc.

Ligne, forme, couleur. — Lois de suggestion régissant le costume militaire. — Règles de composition et philosophie de l'uniforme.

Histoire de la garde républicaine (illustré). — Centennales parisiennes.

L'école du soldat. — Etude raisonnée sur le passé, le présent et l'avenir du règlement de manœuvres de l'infanterie, avec tableaux hors texte.

Guibert, précurseur du projet de règlement d'Infanterie (1901). — Etude historique

---

www.ingramcontent.com/pod-product-compliance
Lightning Source LLC
LaVergne TN
LVHW020102070726
842525LV00018B/1653